Made in the USA
Coppell, TX
17 February 2020

15901734R10059